Sguardo Intelligente: Navigare le Acque della Mente in un Mondo Manipolativo

Prefazione

In un mondo sempre più connesso, dove le linee tra la realtà e la finzione si sfumano, sorge una necessità imperante di comprensione e difesa contro un nemico invisibile ma potente: la manipolazione mentale. Questo libro, intitolato "Sguardo Intelligente: Navigare le Acque della Mente in un Mondo Manipolativo", è una guida esauriente e illuminante per tutti coloro che desiderano preservare la propria integrità mentale in un panorama spesso oscuro e complesso.

L'importanza di questo tema non può essere sottovalutata. Attraverso queste pagine, vi invitiamo a intraprendere un viaggio di autoesplorazione, apprendimento e crescita personale. La manipolazione mentale è un fenomeno diffuso che può manifestarsi in molte forme, dalle relazioni personali alla sfera digitale, e la consapevolezza è la chiave per proteggersi.

Il libro si apre con un'Introduzione che getta le basi della manipolazione mentale, esplorando gli effetti devastanti che può avere sulla vita di chi ne è vittima. Attraverso la comprensione approfondita dei meccanismi psicologici coinvolti, il secondo capitolo delinea le varie forme di manipolazione mentale, fornendo una mappa utile per navigare in terreni emotivi pericolosi.

Molto spesso, i segnali precoci di manipolazione sfuggono alla nostra attenzione. Nel terzo capitolo, affrontiamo la sfida di riconoscere comportamenti manipolatori e identificare situazioni a rischio, fornendo strumenti pratici per sviluppare una consapevolezza precoce. Il capitolo successivo si addentra nella psicologia del manipolatore, esplorando il profilo psicologico di coloro che cercano di esercitare un controllo su altri e le dinamiche di potere che li guidano.

La vulnerabilità individuale, tema centrale del quinto capitolo, viene analizzata con attenzione, incoraggiando una riflessione approfondita sulle nostre debolezze e come queste possano essere sfruttate. Dall'altra parte, il sesto capitolo offre una prospettiva positiva, presentando strategie per costruire la resilienza mentale e sviluppare la consapevolezza emotiva.

La prevenzione attiva è il focus del settimo capitolo, dove vengono esplorate strategie per evitare situazioni di manipolazione e viene sottolineata l'importanza dell'educazione alla consapevolezza digitale. Il libro prosegue con un approfondimento sulle difese psicologiche nel capitolo otto, offrendo tecniche pratiche e consigli su come stabilire confini sani nelle relazioni.

Il nono capitolo presenta strumenti di autoanalisi, con domande guida per esplorare le proprie emozioni e convinzioni, consentendo al lettore di creare un quadro chiaro della propria identità. Seguono capitoli dedicati alla cura e alla ripresa dopo essere stati manipolati, e all'importanza della comunità e delle relazioni positive come antidoti alla manipolazione.

Il libro culmina nel tredicesimo capitolo, "Guardare al Futuro", dove si esplora una visione ottimistica della vita dopo l'esperienza di manipolazione e il continuo sviluppo della resilienza mentale. Infine, la Conclusione riassume i principali punti trattati e invita il lettore a condividere le conoscenze acquisite, coltivare relazioni sane e contribuire

all'educazione alla
consapevolezza.

"Sguardo Intelligente" è più di un
libro; è una guida pratica e
ispiratrice per coloro che
desiderano navigare il complesso
terreno della mente umana con
saggezza e discernimento.
Attraverso la consapevolezza,
l'educazione e l'azione, speriamo
che questo libro possa essere una
risorsa preziosa per tutti coloro
che cercano una vita più
autentica, resiliente e
consapevole.

Capitolo 1: Introduzione

Contestualizzazione dell'importanza del tema

Nel vasto panorama della psicologia e delle relazioni umane, pochi temi sono così cruciali e pervasivi quanto quello della manipolazione mentale. L'arte sottile di influenzare il pensiero e il comportamento di un individuo, minando la sua autonomia e autenticità, si insinua silenziosamente nei tessuti più profondi della società. La manipolazione mentale non conosce confini socio-economici, culturali o geografici; è un fenomeno universale che può colpire chiunque, indipendentemente dalla propria resilienza o consapevolezza.

In un'epoca in cui siamo immersi in un oceano di informazioni e interconnessioni, la manipolazione mentale si manifesta in modi sempre più sofisticati. Le tecnologie digitali e i mezzi di comunicazione sociale amplificano il potenziale di manipolazione, rendendola un rischio tangibile nella vita di ognuno di noi. La crescente complessità delle relazioni umane, sia online che offline, ha reso fondamentale comprendere e affrontare questo fenomeno in modo proattivo.

La nostra società, pur essendo caratterizzata da progresso e innovazione, è permeata da forze sottili e oscure che minano il tessuto stesso della fiducia e dell'integrità personale. La manipolazione mentale si presenta in varie forme: dalle relazioni interpersonali alla sfera politica, dalla pubblicità ingannevole alle dinamiche familiari complesse. Riconoscere l'importanza di questo tema è il primo passo fondamentale per costruire una società basata su

valori di verità, rispetto e
consapevolezza.

**Breve panoramica sugli effetti
della manipolazione mentale**

Gli effetti della manipolazione
mentale sono insidiosi e possono
permeare ogni aspetto della vita
di un individuo. Sia che si verifichi
in ambito personale o collettivo, la
manipolazione può lasciare
cicatrici profonde nella psiche
umana. Le vittime di
manipolazione spesso
sperimentano un senso di
smarrimento, una distorsione
della percezione di sé e degli altri,
e talvolta una perdita di fiducia
nelle proprie capacità decisionali.

A livello emotivo, la
manipolazione può generare
ansia, depressione e un costante
senso di insicurezza. Le vittime
possono ritrovarsi intrappolate in
un ciclo di autodubit o in relazioni
tossiche, incapaci di discernere la
realtà dalla manipolazione subita.

A livello sociale, la manipolazione può minare la fiducia reciproca, compromettendo la costruzione di relazioni sane e il funzionamento della società nel suo complesso.

Affrontare gli effetti della manipolazione mentale richiede una comprensione approfondita delle dinamiche coinvolte e un impegno per promuovere la consapevolezza e la resilienza individuale e collettiva. Questo libro si propone di essere una guida completa per chiunque desideri non solo comprendere il fenomeno della manipolazione mentale, ma anche apprendere strumenti pratici per difendersi, guarire e contribuire a una cultura che promuova la verità e l'autenticità. Attraverso una visione illuminante e pratiche efficaci, intraprenderemo un viaggio verso una vita più ricca, sicura e consapevole, sgretolando le catene invisibili della manipolazione mentale.

Capitolo 2: Comprendere la Manipolazione Mentale

Definizione e Tipologie di Manipolazione Mentale

Definizione

La manipolazione mentale, in tutte le sue forme, si configura come un'arte sottile di esercitare un controllo psicologico su un individuo, influenzandone il pensiero, le emozioni e le decisioni in maniera subdola e non sempre evidente. Si tratta di una violazione della libertà individuale, spesso operata attraverso tattiche ingannevoli e manipolatorie che mirano a ottenere il consenso o la conformità della vittima senza il suo consapevole consenso.

La manipolazione può manifestarsi in modi diversi, che

vanno dalla persuasione emotiva al controllo dell'informazione, dalla negazione sistematica della realtà alla creazione di una dipendenza psicologica. Comprensibile solo attraverso una lente multidimensionale, la manipolazione mentale è un fenomeno complesso che richiede un approccio approfondito per essere adeguatamente riconosciuto e affrontato.

Tipologie di Manipolazione Mentale

- **Manipolazione Emotiva:**

- Sfrutta le emozioni della vittima per ottenere il controllo.

- Coinvolge la creazione di situazioni che generano ansia, colpa o paura.

- **Manipolazione Cognitiva:**

- Distorsione della percezione della realtà attraverso informazioni fuorvianti o omesse.

- Induce la vittima a vedere solo un lato della verità.

- **Manipolazione Sociale:**

- Utilizza la pressione sociale o l'isolamento per controllare la vittima.

- Può includere minacce o ricatti per influenzare il comportamento.

- **Manipolazione Narcisistica:**

- Focalizzata sull'aumento del potere e del controllo dell'individuo manipolatore.

- Coinvolge spesso la manipolazione dell'autostima della vittima.

- **Manipolazione Tecnologica:**

- Sfrutta la tecnologia e i mezzi di comunicazione per manipolare opinioni e comportamenti.

- Include la diffusione di informazioni false e la creazione di "bolla informativa".

Analisi dei Meccanismi Psicologici Coinvolti

La manipolazione mentale attinge a una vasta gamma di meccanismi psicologici che sfruttano le debolezze e le vulnerabilità umane. Alcuni di questi meccanismi includono:

- **Gaslighting:**

- Consiste nel far dubitare la vittima della propria percezione della realtà.

- Minimizza o nega fatti evidenti per confondere e destabilizzare.

- **Condizionamento Psicologico:**

- Utilizza rinforzi positivi o negativi per modellare il comportamento desiderato.

- Può creare dipendenza psicologica dalla gratificazione o dalla paura delle conseguenze.

- **Tecniche di Persuasione:**

- Sfrutta la persuasione emotiva, l'autorità o la scarsità di risorse per influenzare le decisioni.

- Può avvenire attraverso
  discorsi, pubblicità o
  situazioni sociali.

- **Isolamento Emotivo:**

- Separazione della vittima
  da amicizie, famiglia o
  supporto esterno.

- Rende la vittima più
  dipendente dall'individuo
  manipolatore.

- **Sfruttamento delle
  Debolezze Individuali:**

- Identificazione e
  sfruttamento delle paure,
  insicurezze o desideri della
  vittima.

- Adattamento delle tattiche
  in base alle vulnerabilità
  specifiche.

Comprendere questi meccanismi
è fondamentale per sviluppare

una difesa efficace contro la manipolazione mentale. Nel proseguire di questo libro, esploreremo come riconoscere queste tattiche, sviluppare la consapevolezza e adottare strategie per proteggere la nostra mente e la nostra autenticità.

Capitolo 3: Segnali Precoci di Manipolazione

Riconoscere Comportamenti Manipolatori

Il primo passo cruciale per difendersi dalla manipolazione mentale è sviluppare la capacità di riconoscere i segnali precoci di comportamenti manipolatori. Questi segnali possono essere sfumati, ma la consapevolezza di essi è essenziale per preservare la propria autonomia e integrità. Ecco alcuni comportamenti manipolatori comuni da tenere d'occhio:

- **Lusinghe Eccessive:**

- L'eccessiva adulazione può nascondere intenzioni manipolatorie, creando dipendenza emotiva.

- **Controllo Eccessivo:**

- La necessità di controllare ogni aspetto della vita della vittima può essere un segnale di manipolazione.

- **Colpa e Vergogna:**

- La manipolazione spesso coinvolge il far sentire la vittima colpevole o vergognosa per ottenere la conformità.

- **Variazioni Repentine di Comportamento:**

- Cambiamenti improvvisi di atteggiamento possono indicare manipolazioni intenzionali per confondere la vittima.

- **Minacce Velate:**

- L'uso di minacce sottili può far sentire la vittima vulnerabile, spingendola a

obbedire per auto-
preservazione.

- **Isolamento Sociale:**

- La separazione dalla rete
di supporto è un segnale di
manipolazione, poiché
riduce le opportunità di
confronto e resistenza.

- **Mancanza di Rispetto
per i Confini:**

- Ignorare i confini personali
è una tattica manipolatoria
comune per invadere lo
spazio emotivo dell'altro.

- **Manipolazione
dell'Informazione:**

- Fornire informazioni
selettive o false per
influenzare la percezione
della realtà.

- **Emozionali Estreme:**

- Utilizzo di emozioni estreme come rabbia o disperazione per ottenere un certo comportamento dalla vittima.

Identificare Situazioni a Rischio

Il riconoscimento di situazioni a rischio è altrettanto importante quanto individuare i comportamenti manipolatori. Alcune situazioni possono predisporre all'insorgenza della manipolazione mentale:

- **Relazioni Desequilibrare:**

- Disparità di potere o controllo nelle relazioni può creare un terreno fertile per la manipolazione.

- **Ambienti Altamente Competitivi:**

- La competizione eccessiva può portare a manipolazioni per ottenere vantaggi personali.

- **Ambiguità o Incertezza:**

- Situazioni in cui la chiarezza e la certezza sono scarse possono essere sfruttate per manipolare la percezione.

- **Stress e Vulnerabilità Individuale:**

- Periodi di stress o vulnerabilità possono rendere le persone più suscettibili alla manipolazione.

- **Affermazioni di Autorità Incontestabile:**

- Situazioni in cui l'autorità è accettata senza riflessione critica possono facilitare la manipolazione.

- **Dependenza Finanziaria o Emotiva:**

- La dipendenza da una persona o situazione può aumentare la vulnerabilità alla manipolazione.

- **Isolamento Sociale:**

- La mancanza di connessioni sociali solide può rendere difficile ottenere consigli esterni su situazioni potenzialmente manipolative.

Il riconoscimento di questi segnali e situazioni a rischio fornisce un'ancora di consapevolezza e permette una risposta tempestiva.

Nel proseguire nella lettura, esploreremo strategie concrete per prevenire e contrastare efficacemente la manipolazione mentale, garantendo un approccio completo alla protezione della propria psiche.

Capitolo 4: La Psicologia del Manipolatore

Profilo Psicologico di Chi Pratica la Manipolazione

Il manipolatore, con il suo abile utilizzo di tattiche sottili, si insinua nelle dinamiche relazionali sfruttando le debolezze e le vulnerabilità delle vittime. Comprendere il profilo psicologico di chi pratica la manipolazione è essenziale per riconoscere i segnali precoci e adottare strategie di difesa efficaci.

- **Empatia Selettiva:**

- Il manipolatore può dimostrare un'apparente empatia, ma questa è spesso selettiva e utilizzata solo quando serve ai suoi scopi.

- **Carisma e Persuasione:**

- Spesso dotato di un carisma magnetico, il manipolatore sa persuadere e influenzare gli altri con facilità.

- **Mancanza di Empatia Genuina:**

- A differenza di una persona empatica, il manipolatore non prova autenticamente compassione per gli altri.

- **Narcisismo:**

- Molti manipolatori presentano tratti narcisistici, concentrati sulla ricerca di potere e riconoscimento.

- **Abilità di Seduzione:**

- Utilizza la seduzione emotiva e psicologica per ottenere l'adesione delle vittime.

- **Adattabilità Sociale:**

- Si adatta abilmente a diverse situazioni, modellando il proprio comportamento in base alle circostanze.

Motivazioni e Dinamiche di Potere

Motivazioni del Manipolatore

- **Controllo e Dominio:**

- La sete di controllo è una motivazione fondamentale; il manipolatore cerca di dominare gli altri per soddisfare il proprio ego.

- **Autogratificazione:**

- La manipolazione può
  essere alimentata dalla
  ricerca costante di
  gratificazione personale,
  indipendentemente dagli
  effetti sulle vittime.

- **Mancanza di Empatia:**

- La mancanza di autentica
  empatia consente al
  manipolatore di agire
  senza remore nei confronti
  delle vittime.

- **Autoaffermazione:**

- La manipolazione spesso
  nasce dalla necessità di
  affermare la propria
  superiorità o competenza.

Dinamiche di Potere

- **Creazione di Dipendenza:**

- Il manipolatore cerca di rendere le vittime dipendenti da lui, generando un ciclo di controllo e sottomissione.

- **Isolamento Sociale:**

- Riduce la rete di supporto della vittima, aumentando così il proprio potere e il controllo sulla situazione.

- **Manipolazione dell'Informazione:**

- Controlla e manipola le informazioni per influenzare la percezione della realtà da parte delle vittime.

- **Gioco Psicologico:**

- Intrappola le vittime in giochi psicologici, sfruttando la loro vulnerabilità emotiva per ottenere il risultato desiderato.

- **Rinforzo Positivo/ Negativo:**

- Utilizza il rinforzo positivo o negativo per modellare il comportamento delle vittime e garantire il proprio vantaggio.

Comprendere la psicologia del manipolatore è fondamentale per sviluppare la resistenza necessaria contro le loro tattiche. Nel proseguire, esploreremo strategie pratiche per proteggersi e mantenere l'integrità in situazioni potenzialmente manipolative.

Capitolo 5: Vulnerabilità Individuale

Fattori che Aumentano la Vulnerabilità alla Manipolazione

La manipolazione mentale trova terreno fertile in determinate condizioni e contesti individuali. Comprendere i fattori che aumentano la vulnerabilità individuale è essenziale per sviluppare una consapevolezza critica e una difesa efficace.

- **Bassa Autostima:**

- Individui con bassa autostima sono più inclini a cercare approvazione e accettazione, rendendoli bersagli più facili per il manipolatore.

- **Necessità di Affetto e Appartenenza:**

- La ricerca disperata di affetto e appartenenza può portare a una maggiore suscettibilità alla manipolazione.

- **Incertezza Personale:**

- L'incertezza riguardo alle proprie convinzioni o obiettivi può facilitare la manipolazione attraverso la creazione di falsi punti di riferimento.

- **Paura del Conflitto:**

- Individui che evitano il conflitto possono cedere facilmente alle richieste del manipolatore per mantenere la pace.

- **Dependenza Emotiva o Finanziaria:**

- Chi è dipendente da qualcuno o qualcosa è più suscettibile alla manipolazione, poiché il manipolatore può minacciare di privarli di ciò di cui dipendono.

- **Mancanza di Conoscenza sulla Manipolazione:**

- L'ignoranza sulla manipolazione e sulle sue tattiche può aumentare la vulnerabilità, poiché la vittima non è consapevole delle strategie utilizzate.

- **Fiducia Incondizionata:**

- Una fiducia incondizionata nelle persone può essere sfruttata dal manipolatore per ottenere la conformità senza resistenza.

Autoanalisi delle Proprie Debolezze

L'autoanalisi delle proprie debolezze è un passo cruciale verso la costruzione di una difesa solida contro la manipolazione mentale. Esaminare onestamente le proprie vulnerabilità consente di sviluppare una consapevolezza che può fungere da scudo protettivo. Ecco alcuni passaggi chiave:

- **Riflessione sull'Autostima:**

- Esplorare le proprie percezioni di sé e lavorare sulla costruzione di una sana autostima.

- **Consapevolezza delle Dipendenze:**

- Identificare eventuali dipendenze emotive, finanziarie o relazionali e cercare modi per ridurne la dipendenza.

- **Esplorare la Paura del Conflitto:**

- Analizzare come si gestisce la paura del conflitto e sviluppare strategie per affrontare le divergenze in modo sano.

- **Studiare la Propria Necessità di Approvazione:**

- Riconoscere la necessità di approvazione esterna e imparare a costruire una base interna di fiducia.

- **Approfondire la Conoscenza sulla Manipolazione:**

- Informarsi sulle tattiche di manipolazione per riconoscerle quando si presentano.

- **Sviluppare la Capacità di Dire No:**

- Imparare a stabilire confini sani e a dire no quando necessario.

- **Cercare Supporto Esterno:**

- Condividere con persone fidate le proprie debolezze per ottenere supporto e prospettive esterne.

L'autoanalisi richiede coraggio e sincerità, ma è un investimento inestimabile nella propria difesa contro la manipolazione. Nel proseguire, esploreremo strategie per rafforzare la propria resilienza e proteggere la propria autonomia e autenticità.

Capitolo 6: Costruire la Resilienza Mentale

Sviluppare la Consapevolezza Emotiva

La consapevolezza emotiva è la chiave per costruire una base solida di resilienza mentale. Significa essere in grado di riconoscere, comprendere e gestire le proprie emozioni in modo sano. La manipolazione spesso sfrutta le emozioni, quindi sviluppare questa consapevolezza è essenziale per difendersi. Ecco come:

- **Mindfulness e Meditazione:**

- Pratiche come la mindfulness e la meditazione possono aiutare a sviluppare l'attenzione al momento presente, favorendo una maggiore consapevolezza emotiva.

- **Esplorare le Proprie Emozioni:**

- Dedica del tempo a esplorare le tue emozioni. Identifica cosa provi, cosa le scatena e come influenzano il tuo comportamento.

- **Tenere un Diario Emotivo:**

- Mantieni un diario emotivo per tracciare le tue emozioni nel tempo. Ciò può fornire insight su modelli ricorrenti.

- **Praticare l'Auto-Riflessione:**

- Riconsidera le tue reazioni emotive a situazioni specifiche. Chiediti il motivo dietro le tue

emozioni e come potresti
gestirle in modo più
costruttivo.

- **Cercare il Supporto di
uno Psicologo o Coach:**

- Uno psicologo o coach
può guidarti
nell'esplorazione delle tue
emozioni e offrirti strumenti
pratici per gestirle in modo
efficace.

Potenziare l'Autostima e la Fiducia in Sé Stessi

Un'autostima solida e una fiducia
in se stessi sono fondamentali per
resistere alla manipolazione.
Quando si ha una visione positiva
di sé stessi, si diventa meno
suscettibili all'influenza
manipolativa. Ecco come
potenziare queste qualità:

- **Identificare e Celebrare i Successi:**

- Riconosci i tuoi successi, anche quelli più piccoli, e celebra le tue realizzazioni. Questo rafforzerà la tua fiducia nelle tue capacità.

- **Affrontare i Fallimenti con Compassione:**

- Fallire è inevitabile, ma come rispondi ai fallimenti è ciò che conta. Tratta te stesso con gentilezza e impara dagli errori.

- **Stabilire Obiettivi Realistici:**

- Imposta obiettivi realistici che puoi raggiungere. Il successo progressivo contribuisce a una maggiore fiducia in se stessi.

- **Coltivare Interessi e Passioni:**

- Dedica del tempo alle tue passioni. Ciò contribuirà a creare un senso di realizzazione personale e a rafforzare la tua autostima.

- **Praticare l'Auto-Affermazione Positiva:**

- Sostituisci i pensieri negativi con affermazioni positive su te stesso. Rafforza il tuo dialogo interno in modo che sostenga anziché danneggiare la tua autostima.

- **Imparare a Dire No:**

- Stabilisci confini chiari e impara a dire no quando è necessario. Questo dimostra autostima e rafforza la tua capacità di

prendere decisioni
autonome.

- **Cercare il Supporto
  Sociale Positivo:**

- Circondati di persone che
  ti sostengano e ti ispirino.
  Un buon supporto sociale
  può essere un baluardo
  contro le manipolazioni.
  Costruire la resilienza mentale
  richiede tempo e impegno, ma è
  un investimento nella tua difesa
  contro le influenze manipolative.
  Nel proseguire, esploreremo
  ulteriori strategie per mantenere la
  salute mentale e proteggere la
  propria autenticità.

Capitolo 7:
Prevenzione Attiva

Strategie per Evitare Situazioni di Manipolazione

Prevenire attivamente la manipolazione richiede consapevolezza e prontezza d'azione. Incorporare queste strategie nella tua vita quotidiana può migliorare la tua difesa contro influenze manipolative:

- **Sviluppare un Pensiero Critico:**

- Impara a valutare in modo critico le informazioni, le richieste e le situazioni. Fai domande e cerca prove prima di accettare qualcosa come verità.

- **Stabilire Confini Chiari:**

- Definisci chiaramente i tuoi confini personali e sociali. Non esitare a dire no quando senti che i tuoi limiti stanno per essere superati.

- **Conoscere e Rispettare i Tuoi Valori:**

- Afferma i tuoi valori e mantienili saldi. Essere chiari sui tuoi principi rende più difficile per i manipolatori influenzarti.

- **Imparare a Riconoscere la Manipolazione Emotiva:**

- Familiarizzati con le tattiche di manipolazione emotiva. Riconoscere le emozioni sfruttate può aiutarti a mantenere la chiarezza mentale.

- **Rafforzare la Capacità di Dire No:**

- Sii assertivo nel dire no quando necessario. Questa abilità è fondamentale per evitare di essere coinvolto in situazioni indesiderate.

- **Mantenere Relazioni Salutari:**

- Coltiva relazioni basate sulla fiducia reciproca e il rispetto. Le connessioni positive possono fungere da scudo contro le influenze manipolative.

- **Monitorare le Proprie Reazioni Emotive:**

- Presta attenzione alle tue reazioni emotive. Se qualcosa sembra troppo bello per essere vero o suscita una forte reazione emotiva, potrebbe essere un segnale di manipolazione.

Educazione alla Consapevolezza Digitale

L'era digitale ha introdotto nuove sfide e opportunità, e l'educazione alla consapevolezza digitale è cruciale per prevenire la manipolazione online. Ecco alcune strategie:

- **Verificare le Fonti Online:**

- Prima di accettare informazioni online, verifica la fonte. Le notizie false sono spesso strumenti di manipolazione.

- **Consapevolezza delle Truffe Online:**

- Impara a riconoscere le truffe online, compresi gli schemi di phishing e le frodi su social media.

- **Impostare Limiti di Privacy:**

- Limita la quantità di informazioni personali condivise online. La privacy digitale è essenziale per evitare manipolazioni.

- **Analisi Critica delle Informazioni:**

- Applica il pensiero critico anche online. Sii consapevole dei contenuti persuasivi e delle tattiche di manipolazione digitale.

- **Partecipare a Iniziative di Educazione Digitale:**

- Partecipa a programmi di educazione alla consapevolezza digitale. Queste iniziative forniscono conoscenze pratiche per navigare in modo sicuro nel mondo online.

- **Monitorare l'Attività Online:**

- Tieni d'occhio la tua attività online. La consapevolezza digitale include una comprensione di come le tue azioni online possono essere utilizzate o manipolate.

- **Creare un Ambiente Online Positivo:**

- Contribuisci a creare un ambiente online positivo. Promuovi la consapevolezza e la condivisione di informazioni affidabili.

Integrare queste strategie nella tua vita quotidiana, sia online che offline, ti aiuterà a costruire una difesa forte e resistente contro la manipolazione mentale. Nel prossimo capitolo, esploreremo l'importanza della consapevolezza continua e della crescita personale nel mantenere una mente resiliente.

Capitolo 8: Difese Psicologiche

Tecniche di Difesa Mentale

Sviluppare difese psicologiche robuste è fondamentale per proteggere la propria mente dalla manipolazione. Ecco alcune tecniche di difesa mentale che puoi adottare:

- **Consapevolezza Continua:**

- La consapevolezza continua delle tue emozioni, pensieri e comportamenti è la base della difesa mentale. Rimanere consapevole consente di rilevare eventuali cambiamenti sospetti o manipolativi.

- **Sviluppare l'Intuito:**

- Fidati del tuo intuito. Se qualcosa non sembra corretto, potrebbe non esserlo. Sviluppare la capacità di ascoltare la tua voce interiore è fondamentale per contrastare la manipolazione.

- **Cercare Consulenza Esterna:**

- Parla con amici fidati, familiari o professionisti della salute mentale. Ottenere prospettive esterne può fornire una visione più obiettiva delle situazioni.

- **Imparare a Dire "No" in Modo Sicuro:**

- Rafforza la tua capacità di dire no. Puoi farlo in modo assertivo e rispettoso,

senza la necessità di
giustificarti e senza paura
di ritorsioni.

- **Affrontare le Emozioni
Negative:**

- Sviluppa strategie per
affrontare le emozioni
negative in modo
costruttivo, evitando che
vengano sfruttate da chi
cerca di manipolarti.

- **Valutare Obiettivamente
le Informazioni:**

- Prima di prendere decisioni
importanti, prenditi il
tempo per valutare
oggettivamente le
informazioni. Non farti
influenzare da pressioni
esterne o emozioni
intense.

- **Praticare l'Auto-Cura:**

- Prenditi cura di te stesso fisicamente, emotivamente e mentalmente. Una mente sana è più resistente alle influenze manipolative.

- **Impostare Obiettivi Chiari:**

- Avere obiettivi chiari e ben definiti può aiutarti a mantenere il focus e a evitare di essere spinto in direzioni indesiderate.

Come Stabilire Confini Sani nelle Relazioni

Stabilire confini sani è un elemento cruciale nella difesa mentale contro la manipolazione nelle relazioni. Ecco alcune linee guida:

- **Rifletti sui Tuoi Bisogni:**

- Rifletti su ciò che è importante per te e su quali sono i tuoi bisogni emotivi. Questo ti aiuterà a stabilire confini in linea con le tue esigenze.

- **Comunica Chiaramente:**

- Comunica in modo chiaro e assertivo i tuoi confini agli altri. Sii onesto su ciò che è accettabile e ciò che non lo è.

- **Impara a Dire "No":**

- Impara a dire no senza sentirsi colpevole. Riconosci che è tuo diritto stabilire limiti e difendere il tuo benessere.

- **Sii Consistente:**

- Mantieni la coerenza nei tuoi confini. La coerenza

comunica agli altri quali comportamenti sono accettabili e quali no.

- **Riconosci le Manipolazioni:**

- Sii consapevole delle tattiche manipolative che potrebbero essere utilizzate per superare i tuoi confini. Rimani saldo nelle tue decisioni.

- **Ascolta la Tua Sensazione di Discomfort:**

- Se provi disagio in una situazione, ascolta quella sensazione. Potrebbe essere un segnale che i tuoi confini sono stati attraversati.

- **Rivedi e Aggiorna:**

- Rivedi regolarmente i tuoi confini in base alle tue

esperienze e alla tua crescita personale. Gli aggiornamenti sono un segno di autenticità e autoconsapevolezza.

La combinazione di difese psicologiche solide e confini sani nelle relazioni crea un'armatura contro gli sforzi manipolativi. Nel capitolo successivo, esploreremo l'importanza di imparare dagli episodi passati e di crescere attraverso le esperienze di vita.

Capitolo 9: Strumenti di Autoanalisi

Domande Guida per Esplorare le Proprie Emozioni e Convinzioni

L'autoanalisi è un viaggio profondo dentro di sé, un'esplorazione che permette di comprendere meglio le proprie emozioni, pensieri e convinzioni. Le seguenti domande guida possono fungere da strumenti utili per avviare questo processo di autoesplorazione:

- **Cosa Provo in Questo Momento?**

- Inizia con la consapevolezza delle emozioni presenti. Identifica e accetta le tue emozioni senza giudizio.

- **Quali Situazioni Suscitano Emozioni Intense?**

- Rifletti sulle situazioni che scatenano forti emozioni. Cosa c'è in quei momenti che ti tocca profondamente?

- **Quali Sono i Miei Valori Fondamentali?**

- Indaga sui valori che guidano le tue decisioni e azioni. Identifica ciò che è veramente importante per te.

- **Quali Credenze Guidano le Mie Azioni?**

- Esplora le convinzioni che influenzano il tuo comportamento. Sono basate sulla realtà o potrebbero essere frutto di convinzioni limitanti?

- **Come Affronto lo Stress e le Sfide?**

- Valuta le tue strategie per affrontare lo stress. Sono efficaci o potrebbero essere migliorate?

- **Cosa Desidero Realizzare nella Vita?**

- Chiediti quali obiettivi e sogni desideri perseguire. Questi riflettono la tua visione della vita e della felicità?

- **Quali Relazioni Sono Significative per Me?**

- Esamina le tue relazioni. Chi è importante per te e quali legami desideri coltivare?

- **Come Gestisco i Conflitti?**

- Valuta il tuo approccio ai conflitti. Hai modi costruttivi per risolverli o ci sono schemi che vorresti cambiare?

- **Quali Sono i Miei Punti di Forza e Debolezza?**

- Riconosci i tuoi talenti e le aree in cui potresti crescere. Questo ti aiuterà a sviluppare una visione equilibrata di te stesso.

- **Cosa Mi Rende Felice e Soddisfatto?**

- Identifica le attività, le relazioni o le esperienze che ti portano gioia e soddisfazione. Come puoi includerle nella tua vita quotidiana?

Creare un Quadro Chiaro della Propria Identità

Creare un quadro chiaro della propria identità è un processo continuo di autoesplorazione e riflessione. Oltre alle domande guida, puoi utilizzare gli strumenti seguenti per costruire questo quadro:

- **Diario Personale:**

- Tieni un diario in cui esprimi liberamente i tuoi pensieri, emozioni e riflessioni quotidiane. Questo può essere uno spazio sicuro per esplorare la tua mente.

- **Mappa delle Competenze e Interessi:**

- Realizza una mappa delle tue competenze e interessi. Questo ti aiuterà a identificare le tue passioni e ciò in cui eccelli.

- **Albero Genealogico Emozionale:**

- Crea un albero genealogico delle tue esperienze emotive significative. Come hanno influenzato chi sei oggi?

- **Rappresentazione Visiva della Tua Identità:**

- Utilizza disegni, collage o altre rappresentazioni visive per esplorare la tua identità in modo creativo.

- **Lettera a Te Stesso:**

- Scrivi una lettera a te stesso, riflettendo sulla tua crescita, sulle sfide superate e sui tuoi obiettivi futuri.

- **Feedback Esterno:**

- Chiedi feedback a persone fidate sulla tua personalità, sulle tue abilità e sui tuoi modi di affrontare le sfide. Questo può arricchire la tua comprensione di te stesso.

- **Mind Mapping:**

- Utilizza mappe mentali per visualizzare connessioni tra le tue emozioni, convinzioni e esperienze.

-

L'autoanalisi è un processo dinamico che evolve nel tempo. Utilizza questi strumenti per continuare a esplorare la tua identità in modo approfondito e costruttivo. Nel capitolo successivo, esamineremo l'importanza di imparare dalle esperienze passate per favorire una crescita continua.

Capitolo 10: Cura e Ripresa

Supporto Psicologico e Professionale

La guarigione dopo essere stato manipolato richiede tempo, impegno e spesso il supporto di professionisti. Affrontare le ferite psicologiche con responsabilità è fondamentale per la cura e la ripresa. Ecco alcune risorse e strategie:

- **Psicoterapia:**

- La psicoterapia fornisce uno spazio sicuro per esplorare e comprendere l'esperienza di manipolazione. Psicoterapeuti esperti possono offrire supporto emotivo e strumenti pratici per affrontare il trauma.

- **Sostegno Sociale:**

- Condividere le proprie esperienze con amici fidati o familiari può essere liberatorio. Un solido sostegno sociale aiuta a ridurre l'isolamento e a promuovere la connessione.

- **Gruppi di Supporto:**

- Partecipare a gruppi di supporto con persone che hanno vissuto esperienze simili può offrire comprensione e condivisione. Questi gruppi possono essere fisici o online.

- **Consulenza Legale:**

- In casi di manipolazione grave, potrebbe essere necessario cercare consulenza legale. Un avvocato specializzato può

guidarti nelle azioni legali
appropriate.

- **Mindfulness e
  Meditazione:**

- Tecniche come la
  mindfulness e la
  meditazione possono
  aiutare a gestire lo stress,
  a riconnettersi con il
  proprio corpo e a
  migliorare il benessere
  emotivo.

- **Educazione Continua:**

- Informarsi sulle dinamiche
  della manipolazione e sulla
  salute mentale è un passo
  importante. La conoscenza
  fornisce consapevolezza e
  strumenti per prevenire
  futuri episodi.

Processo di Guarigione Dopo Essere Stati Manipolati

Il processo di guarigione è un viaggio individuale che richiede pazienza e compassione verso se stessi. Ecco fasi chiave di questo percorso:

- **Riconoscere l'Esperienza:**

- Accettare e riconoscere l'esperienza di manipolazione è il primo passo. Questo comporta la validazione delle proprie emozioni e la consapevolezza di ciò che è accaduto.

- **Affrontare le Emozioni:**

- Esplorare e affrontare le emozioni associate all'esperienza è essenziale. La psicoterapia può essere uno strumento prezioso per questo processo.

- **Imparare dagli Episodi Passati:**

- Analizzare gli episodi passati con un occhio critico. Quali sono i segnali che hai ignorato? Cosa puoi imparare da queste esperienze per proteggerti in futuro?

- **Stabilire Nuovi Confini:**

- Riaffermare i propri confini è cruciale per il processo di guarigione. Imparare a dire no e a difendere il proprio spazio emotivo è una componente fondamentale.

- **Costruire una Rete di Supporto:**

- Creare o rafforzare una rete di supporto sociale è vitale. Le connessioni positive possono essere

un sostegno prezioso
durante la guarigione.

- **Focalizzarsi sulla
  Crescita Personale:**

- Utilizzare l'esperienza
  come un'opportunità per la
  crescita personale. Questo
  potrebbe coinvolgere
  l'apprendimento di nuove
  abilità, l'esplorazione di
  passioni o lo sviluppo di
  una maggiore resilienza.

- **Praticare l'Auto-Cura:**

- Investire nel proprio
  benessere è un atto di
  autocompassione. La
  pratica di abitudini sane,
  l'equilibrio tra lavoro e vita,
  e il tempo dedicato al
  riposo sono elementi
  chiave.

- **Ricerca di Consulenza Legale, se Necessario:**

- In casi gravi, la ricerca di consulenza legale può essere parte integrante della guarigione. Essa può portare a un senso di giustizia e a una chiusura legale.

La guarigione dopo essere stati manipolati è un processo graduale e complesso. La chiave è investire tempo ed energia nella propria ripresa, cercando il supporto necessario quando serve. Nel capitolo finale, esploreremo la prospettiva della crescita post-traumatica e la possibilità di emergere più forti dall'esperienza.

Capitolo 11: L'Importanza della Comunità

Come le Relazioni Positive Possono Proteggere dalla Manipolazione

Le relazioni positive giocano un ruolo cruciale nel fornire un supporto emotivo e sociale che contribuisce a proteggere dalla manipolazione. Ecco come:

- **Sostegno Emotivo:**

- Le relazioni positive offrono uno spazio sicuro per condividere emozioni e preoccupazioni. Il sostegno emotivo aiuta a mantenere una mente equilibrata e resiliente.

- **Punto di Vista Esterno:**

- Amici e familiari possono offrire prospettive esterne. Questo è prezioso per identificare eventuali situazioni manipolative di cui potresti non essere consapevole.

- **Condivisione di Esperienze:**

- Le relazioni significative permettono la condivisione di esperienze. Parlando apertamente, è possibile apprendere da altri modi positivi di affrontare situazioni simili.

- **Consapevolezza dei Cambiamenti Comportamentali:**

- Le persone vicine sono spesso le prime a notare cambiamenti comportamentali o emotivi.

Questa consapevolezza precoce è fondamentale per prevenire o affrontare situazioni manipolative.

- **Crescita Personale Condivisa:**

- In una comunità di supporto, la crescita personale è incoraggiata e condivisa. Questo crea un ambiente in cui tutti sono incoraggiati a svilupparsi in modo sano.

- **Rafforzamento dei Confini:**

- Le relazioni positive rispettano e rafforzano i confini individuali. Questo può fungere da difesa naturale contro la manipolazione.

- **Affetto e Connetività Emotiva:**

- Il sentirsi amati e connessi emotivamente è essenziale per la salute mentale. Le relazioni positive forniscono un ancoraggio emotivo che può proteggere dalle manipolazioni esterne.

Il Ruolo delle Amicizie e della Famiglia

- **Amicizie Solidali:**

- Le amicizie basate sulla solidarietà e sulla reciproca fiducia sono un rifugio contro la manipolazione. Coltiva legami basati sulla sincerità e sulla condivisione di valori.

- **Famiglia Come Rete di Sicurezza:**

- La famiglia può essere una potente rete di sicurezza. Relazioni familiari fondate sulla fiducia e sulla comunicazione sono fondamentali per la resistenza contro manipolazioni esterne.

- **Rafforzare i Legami Familiari:**

- Investire nel rafforzamento dei legami familiari crea una base solida per la protezione contro la manipolazione. Comunicazione aperta e rispetto reciproco sono chiave.

- **Crescita Comune:**

- La famiglia e gli amici possono sostenere la crescita comune. Questo

significa affrontare le sfide
insieme, apprendendo
dalle esperienze passate e
crescendo insieme.

- **Sviluppo di Amicizie
Significative:**

- Coltivare amicizie
significative significa
scegliere relazioni basate
sulla fiducia, sulla
reciproca crescita e sul
rispetto reciproco.

- **Crea una Comunità di
Supporto:**

- Sviluppare una comunità di
supporto più ampia è
altrettanto importante.
Questa può includere
amici, familiari, mentori e
altri che condividono valori
simili.

- **Rafforzare il Legame Intergenerazionale:**

- Il legame tra generazioni può fornire saggezza e supporto. Approfittare dell'esperienza delle generazioni più anziane può essere prezioso per affrontare situazioni complesse.

Investire nelle relazioni positive, siano esse amicizie o legami familiari, costruisce un fondamento robusto che protegge dalla manipolazione. Nel capitolo successivo, esploreremo la prospettiva della crescita post-traumatica e come trasformare le esperienze difficili in opportunità di sviluppo personale.

Capitolo 12: Etica e Consapevolezza Sociale

Riflessioni sull'Etica Personale e Sociale

L'etica personale e sociale svolge un ruolo fondamentale nella creazione di ambienti sani e nel prevenire la manipolazione. Esplorare le seguenti riflessioni può contribuire a sviluppare una maggiore consapevolezza etica:

- **Conoscenza dei Valori Personali:**

- Comprendere i propri valori è il punto di partenza per l'etica personale. Quali principi guidano le tue decisioni e azioni?

- **Responsabilità Individuale:**

- Riconoscere la propria responsabilità nella creazione di relazioni sane è un segno di maturità etica. Come individuo, quale ruolo giochi nella costruzione di ambienti positivi?

- **Riflessione sui Comportamenti:**

- La riflessione costante sui propri comportamenti è cruciale. Gli stessi rispecchiano gli standard etici che desideri promuovere?

- **Consapevolezza dell'Impatto Sociale:**

- Considerare l'effetto delle proprie azioni sulla comunità è un elemento etico importante. Come le tue scelte influenzano gli altri?

- **Trasparenza e Onestà:**

- L'etica implica trasparenza e onestà. Come puoi integrare queste qualità nelle tue interazioni quotidiane?

- **Empatia e Compassione:**

- L'empatia e la compassione sono pilastri dell'etica. Come puoi coltivare una maggiore empatia verso gli altri e mostrare compassione nelle tue azioni?

- **Partecipazione Attiva alla Comunità:**

- Partecipare attivamente alla tua comunità è un atto etico. In che modo contribuisci al benessere della comunità in cui vivi?

- **Consapevolezza delle Disuguaglianze:**

- Essere consapevoli delle disuguaglianze sociali è essenziale per un'etica robusta. Come puoi contribuire a ridurre le disparità nella tua sfera di influenza?

Il Contributo Individuale alla Creazione di Ambienti Sani

- **Praticare il Rispetto:**

- Il rispetto per gli altri è un pilastro per ambienti sani. Come puoi mostrare rispetto nelle tue interazioni quotidiane?

- **Promuovere la Comunicazione Aperta:**

- La comunicazione aperta è essenziale per la creazione di ambienti sani. Come puoi promuovere dialoghi aperti e inclusivi?

- **Sostenere Relazioni Autentiche:**

- Incentivare relazioni autentiche contribuisce a costruire ambienti sani e fidati. Come puoi coltivare relazioni basate sulla genuinità?

- **Essere un Modello Positivo:**

- Essere un modello positivo è un contributo importante. In che modo le tue azioni ispirano gli altri a comportarsi eticamente?

- **Affrontare Ingiustizie:**

- L'etica richiede il coraggio di affrontare le ingiustizie. In che modo puoi difendere l'equità e la giustizia nella tua comunità?

- **Coltivare un Ambiente di Supporto:**

- Creare un ambiente di supporto è un contributo notevole. Come puoi sostenere il benessere degli altri e coltivare una cultura di supporto reciproco?

- **Essere Consapevole delle Proprie Azioni:**

- La consapevolezza delle proprie azioni è fondamentale. In che modo puoi essere più consapevole delle conseguenze delle tue scelte?

- **Abbracciare la Diversità:**

- L'inclusione è un segno di un ambiente sano. Come

puoi abbracciare e celebrare la diversità nelle tue interazioni?

Conclusioni sulla Consapevolezza Etica e Sociale

La consapevolezza etica e sociale è un processo continuo di auto-riflessione e azione consapevole. Riconoscere il proprio impatto e contribuire a creare ambienti sani è un atto di responsabilità e un passo verso una società più equa e solidale. Nella conclusione, esploreremo il tema della crescita post-traumatica e come trasformare sfide in opportunità di sviluppo personale.

Capitolo 13: Guardare al Futuro

Visione Ottimistica della Vita Dopo l'Esperienza di Manipolazione

Guardare al futuro con ottimismo è un passo significativo nel processo di guarigione e crescita personale dopo un'esperienza di manipolazione. Ecco alcune prospettive positive da considerare:

- **Rinascita Personale:**

- Dopo l'oscurità dell'esperienza di manipolazione, sorge l'opportunità di una rinascita personale. Questo periodo segna una nuova fase della tua vita, caratterizzata dalla consapevolezza, dalla forza e dalla crescita.

- **Apprendimento e Crescita:**

- Guardare al futuro implica imparare dalle esperienze passate. Ogni sfida è un'opportunità di apprendimento, e la crescita personale emerge dall'assimilazione di tali lezioni.

- **Coltivare Relazioni Significative:**

- Dopo un periodo di manipolazione, la costruzione di relazioni basate sulla fiducia e sulla reciprocità diventa una priorità. Guardare al futuro significa coltivare connessioni autentiche e significative.

- **Ripristinare la Fiducia in Sé Stessi:**

- Una visione ottimistica del futuro implica il ripristino della fiducia in se stessi. Riconoscere la propria forza interiore è essenziale per affrontare le sfide che possono presentarsi lungo il cammino.

- **Rinnovare Obiettivi e Sogni:**

- Guardare al futuro coinvolge il rinnovare degli obiettivi e dei sogni. Questo potrebbe significare riconsiderare le priorità e tracciare nuovi percorsi in linea con la tua crescita personale.

- **Cultivare la Gratitudine:**

- La gratitudine è una lente attraverso cui vedere il futuro con ottimismo.

Riconoscere le cose positive nella tua vita contribuisce a mantenere una prospettiva positiva.

- **Abbracciare il Cambiamento:**

- Guardare al futuro richiede la capacità di abbracciare il cambiamento. La flessibilità mentale e la volontà di adattarsi sono chiave per costruire un futuro soddisfacente.

Sviluppo Continuo della Resilienza Mentale

- **Accettare la Vulnerabilità:**

- La resilienza mentale si sviluppa accettando la propria vulnerabilità. Essere aperti e onesti riguardo alle proprie sfide contribuisce a costruire una base solida.

- **Cultivare una Mentalità Ottimistica:**

- Una mentalità ottimistica favorisce la resilienza. Vedere le sfide come opportunità di crescita anziché ostacoli promuove una prospettiva positiva.

- **Sostenere le Proprie Emozioni:**

- La resilienza coinvolge la capacità di gestire le emozioni in modo sano. Essere consapevoli delle proprie reazioni emotive e sviluppare strategie per affrontarle è fondamentale.

- **Imparare dall'Adversità:**

- Ogni esperienza, anche quella difficile, offre lezioni preziose. La resilienza mentale si sviluppa imparando dall'adversità e

applicando queste lezioni
al futuro.

- **Coltivare Reti di Supporto:**

- Avere reti di supporto solide è cruciale per la resilienza mentale. Coltivare relazioni positive fornisce il sostegno necessario durante i momenti difficili.

- **Flessibilità nella Risoluzione dei Problemi:**

- Essere flessibili nella risoluzione dei problemi è una caratteristica chiave della resilienza. Adattarsi alle circostanze mutevoli e trovare soluzioni creative contribuisce alla forza mentale.

- **Focus sulle Cose Controllabili:**

- La resilienza mentale si sviluppa focalizzandosi sulle cose controllabili. Concentrarsi su ciò che è possibile cambiare aiuta a mantenere un senso di potere personale.

Conclusione: Guardare al Futuro con Fiducia

Guardare al futuro con fiducia richiede un impegno continuo verso la crescita personale e la resilienza mentale. Affrontare l'esperienza di manipolazione è un viaggio difficile, ma può diventare il terreno fertile in cui germogliano la forza interiore e la consapevolezza. Attraverso un'ottica positiva, la visione del futuro diventa un cammino di possibilità, crescita e realizzazione personale. Nella conclusione finale, esploreremo il concetto di crescita post-traumatica e come trasformare le sfide in opportunità per una vita più ricca e significativa.

Conclusione: Un Nuovo Inizio

Durante questo viaggio attraverso le pagine di questo libro dedicato alla comprensione e alla difesa contro la manipolazione mentale, abbiamo esplorato un ampio spettro di temi fondamentali per il benessere psicologico e la crescita personale. Ripercorriamo brevemente i principali punti trattati:

Riassunto dei Principali Punti Trattati:

- **Introduzione alla Manipolazione Mentale:**

- Contestualizzando l'importanza del tema, abbiamo esaminato gli effetti devastanti della manipolazione mentale e l'urgente necessità di affrontare questo fenomeno diffuso.

- **Comprendere la Manipolazione Mentale:**

- Abbiamo esplorato definizioni e tipologie di manipolazione mentale,

analizzando i complessi
meccanismi psicologici
coinvolti.

- **Segnali Precoci di
Manipolazione:**

- Focalizzandoci sui segnali
precoci, abbiamo imparato
a riconoscere
comportamenti
manipolatori e identificare
situazioni a rischio.

- **La Psicologia del
Manipolatore:**

- Abbiamo indagato il profilo
psicologico di chi pratica
la manipolazione,
esplorando le motivazioni
e le dinamiche di potere.

- **Vulnerabilità Individuale:**

- Analizzando i fattori che
aumentano la vulnerabilità
alla manipolazione,
abbiamo incoraggiato

l'autoanalisi delle proprie
debolezze.

- **Costruire la Resilienza Mentale:**

- Hanno preso forma strategie per lo sviluppo della consapevolezza emotiva, potenziamento dell'autostima e fiducia in sé stessi.

- **Prevenzione Attiva:**

- Abbiamo esplorato strategie per evitare situazioni di manipolazione e sottolineato l'importanza dell'educazione alla consapevolezza digitale.

- **Difese Psicologiche:**

- Tecniche di difesa mentale e l'importanza di stabilire confini sani nelle relazioni sono state trattate per promuovere una difesa consapevole.

- **Strumenti di Autoanalisi:**

- Abbiamo fornito domande guida per esplorare emozioni e convinzioni, aiutando a creare un quadro chiaro della propria identità.

- **Cura e Ripresa:**

- L'importanza del supporto psicologico e professionale è stata sottolineata, insieme al processo di guarigione dopo essere stati manipolati.

- **L'Importanza della Comunità:**

- Hanno preso forma riflessioni sul contributo delle relazioni positive e sul ruolo fondamentale di amicizie e famiglia nella

prevenzione della
manipolazione.

- **Etica e Consapevolezza
  Sociale:**

- Ci siamo interrogati
  sull'etica personale e
  sociale, esplorando come
  il contributo individuale
  possa creare ambienti sani
  e prevenire la
  manipolazione.

- **Guardare al Futuro:**

- Infine, abbiamo esplorato
  una visione ottimistica
  della vita dopo l'esperienza
  di manipolazione e il
  continuo sviluppo della
  resilienza mentale.

Invito all'Azione e alla Condivisione di Conoscenze:

Ogni capitolo di questo libro è stato progettato per fornire non solo conoscenze, ma anche strumenti pratici per affrontare la manipolazione mentale e coltivare una mente resiliente. Ora, l'invito all'azione è rivolto a te, lettore:

- **Condividi le Conoscenze:**

- Condividi ciò che hai imparato con gli altri. La condivisione delle conoscenze è un passo cruciale per creare consapevolezza e prevenire la manipolazione.

- **Coltiva Relazioni Salutari:**

- Applica gli insegnamenti sui segnali precoci, la psicologia del manipolatore e la

creazione di ambienti sani
per coltivare relazioni
significative nella tua vita.

- **Promuovi l'Educazione
  alla Consapevolezza:**

- Contribuisci alla
  promozione
  dell'educazione alla
  consapevolezza digitale e
  psicologica nella tua
  comunità, contribuendo
  così a una società più
  consapevole.

- **Sviluppa la Tua
  Resilienza Mentale:**

- Utilizza gli strumenti forniti
  per sviluppare e potenziare
  la tua resilienza mentale.
  Affronta le sfide con
  coraggio, apprendendo e
  crescendo dall'esperienza.

In conclusione, ricordiamo che la manipolazione mentale può essere sconfitta attraverso la consapevolezza, la conoscenza e l'azione. Guardiamo al futuro con fiducia, sapendo che ogni passo verso la consapevolezza è un passo verso la libertà mentale e la crescita personale.
Che questo libro possa essere la tua guida illuminante verso una vita più consapevole, resiliente e piena di possibilità.